LA PESCA SEMPLICE CON IL PANE

Il Vero Segreto?
L'Esperienza!

Lelio Zeloni

Copyright © 2018 Lelio Zeloni

All rights reserved

ISBN: 978-1-80111-644-2

Autore:

Zeloni Lelio nasce a Prato l'8 Agosto del 1953. Sin dall'adolescenza ha avuto due passioni, la pittura e la pesca. Nel corso degli anni ha praticato lo spinning, la pesca a mosca, la tenkara e naturalmente la sua preferita, la pesca con il pane. Queste esperienze in tecniche diverse, gli sono servite per diventare il pescatore esperto che è oggi.

Le riproduzioni effettuate per finalità di carattere professionale, economico o commerciale o comunque per uso diverso da quello personale possono essere effettuate solo a seguito di specifica autorizzazione rilasciata dall'autore.

INDICE

	PREFAZIONE	7
	INTRODUZIONE	11
1.	L'INIZIO	15
2.	I GALLEGGIANTI	33
3.	L'ATTEGGIAMENTO GIUSTO PER LA PESCA	41
4.	LA TECNICA GIUSTA	47
5.	QUALI SONO I TIPI DI PANE INDICATI PER LA PESCA	55
6.	EVITIAMO L'ATTREZZATURA SUPERFLUA	61
7.	LE COSE IMPORTANTI DA CONOSCERE	65
8.	LE MISURE MINIME DEI PESCI	73
9.	I PRINCIPALI PESCI CHE ABBOCCANO CON IL PANE	77
	CONCLUSIONE	103

Prefazione

L'economista Vilfredo Pareto a fine ottocento, scoprì che l'80% della ricchezza e del reddito mondiale era prodotto dal 20% della popolazione. Con molta probabilità adesso vi starete chiedendo: "Che cosa centra questo con un libro di pesca?" Molto!

Lasciate che vi racconti il Principio di Pareto, noto anche come Legge 80/20. Il principio afferma che circa il 20% delle cause provoca l'80% degli effetti. Quindi l'80% di ciò che otteniamo è dovuto soltanto dal 20% di quello che facciamo.

In ogni campo, ambito o settore, la maggior parte degli effetti è dovuta ad un numero ristretto di cause. Quindi noterete con grande sorpresa che l'80% della ricchezza mondiale è detenuta dal 20% della popolazione, l'80% dei guadagni di un'azienda è generato dal 20% delle vendite, l'80% dei vostri risultati è generato dal 20% delle vostre azioni.

Questo principio è presente in tantissime aree della nostra vita. Anche la pesca non è immune da questo principio. Ricordate, il 20% di ciò che fate genera l'80% dei vostri risultati.

Quindi se la maggior parte dei risultati deriva da una piccola parte delle nostre azioni, vuol dire che la maggior parte di ciò che facciamo ha poco valore ed è abbastanza inutile.

Questo libro incarna perfettamente il principio di Pareto.

Queste pagine, scritte in maniera molto semplice, sono molto efficaci, sono un distillato di esperienza che vi insegneranno quel 20% che vi darà l'80% del valore, tralasciando tutto ciò che è poco rilevante e superfluo per una pesca di successo.

Volete sapere una curiosità? È la prima volta che mi trovo a scrivere la prefazione di un libro e la sto scrivendo nel libro di mio padre.

Devo confessarvi che mi sono un po' emozionato a leggere questo libro. Durante la lettura, mi sono tornati alla mente tantissimi ricordi. Nel periodo adolescenziale andavo spesso a pescare con mio padre e i miei amici, soprattutto d'estate.

La nostra meta preferita era il fiume Seggio a Marina di Castagneto Carducci. Ricordo ancora la bellezza di stare in compagnia a godersi la naturalezza, se chiudo gli occhi e ci penso, riesco a sentire in lontananza le risate dei miei amici e la brezza di mare che suona mentre accarezza i canneti del fiume.

Mio padre mi ha sempre insegnato il rispetto per la natura, il rispetto per l'ambiente e il rispetto verso gli animali. Anche per questo abbiamo sempre rilasciato i pesci in acqua, ma soprattutto abbiamo sempre lasciato pulito il luogo di pesca.

Quando andrete a pescare, cari lettori, ricordatevi anche voi di salvaguardare l'ambiente.

Ma voi avete comprato questo libro perché volete migliorare la vostra pesca, quindi, adesso non mi resta che augurarvi una buona lettura.

Dott. Edoardo Zeloni Magelli

Introduzione

Questo libro di facile apprendimento vuole essere un valido aiuto sia per chi vuole iniziare a pescare con il pane, sia per pescatori più esperti che vogliono migliorare la propria pesca.

All'interno di queste pagine troverete dei consigli molto pratici su come pescare con il pane, conoscerete le varietà di pane ideali, imparerete a preparare la vostra esca e a innescarla sull'amo nel modo giusto.

Il pane è un'esca filosofale, va bene per tantissimi pesci e grazie al suo profumo, una volta in acqua, rilascia una scia molto adescante richiamando e tenendo a portata di canna tantissimi branchi di pesci.

Tanto è il profumo per loro che spesso i pesci non guardano neppure se la nostra lenza è fatta bene oppure no, per questo è sempre bene avere un nylon e un amo più grosso che possono evitarci sorprese nel caso in cui agganciamo un bel pesce.

Naturalmente non parlerò solo di pane, troverete consigli sulle varie tipologie di galleggianti e quali impiegare, sia in mare calmo oppure mosso, anche la lunghezza delle canne da usare a seconda del posto che noi sceglieremo per andare a pescare.

Vi farò conoscere quali sono i posti adatti per la pesca, insegnandovi ad usare la logica, ma soprattutto, capirete quando è il momento per andare a pescare grazie all'osservazione delle maree.

Con il tempo acquisirete il senso dell'acqua, che vi farà capire anche dove si trovano i pesci e di conseguenza pescarli, regalandovi delle grandi soddisfazioni.

Dal punto di vista editoriale non sarà sicuramente perfetto, quindi spero mi perdonerete, quello che conta è che voi impariate a pescare.

Mi sono dilettato anche a disegnare a mano le illustrazioni di questo libro, il disegno e la pittura sono sempre state (insieme alla pesca) delle mie grandi passioni, ma questa è un'altra storia.

Un particolare ringraziamento per la realizzazione di questo libro, va a mio figlio Edoardo, per le fotografie un ringraziamento a mia moglie Donatella e per la parte grafica e video a mia figlia Carlotta, grazie di cuore.

Buona lettura.

1.
L' INIZIO

Cari amici pescatori, se mi avessero detto quando ero ragazzo che un giorno avrei scritto un libro sulla pesca, non ci avrei mai creduto, e invece è successo davvero.

Quando raggiungiamo una certa età sentiamo il bisogno di lasciare delle tracce del nostro passaggio su questa terra, avvertiamo quella voglia di trasmettere la nostra esperienza in un qualcosa dove noi performiamo bene.

Ho dedicato una vita intera alla pesca sperimentando tantissime tecniche. Ho praticato lo spinning, la pesca a mosca, la tenkara e naturalmente la mia preferita, la pesca con il pane. Queste diverse tecniche hanno sviluppato in me quello che io chiamo "il senso dell'acqua".

In qualsiasi posto di pesca io vada, riesco a capire dove si trova il pesce e ad insidiarlo nel modo giusto usando la semplicità della logica. Se seguirete i miei semplici ma efficaci consigli, anche voi in poco tempo svilupperete questo senso e diventerete degli ottimi pescatori.

Nel breve tempo che dedicherete alla lettura di questo libro, io vi travaserò tutta la mia esperienza sulla pesca. Ci pensate come siete fortunati, io ci ho impiegato una vita ad imparare quello che so, mentre voi in poche ore lo avrete già imparato.

Un grande segreto è l'esperienza, quella vissuta fatta di tanti sbagli, di tanti dubbi (moltissimi) ma che è servita a farmi diventare il pescatore che sono.

Ci sono due tipi di pescatori, uno pesca l'acqua mentre l'altro i pesci. Io ero quello che pescava l'acqua, non prendevo mai niente ma osservavo con ammirazione chi accanto a me invece prendeva tanti pesci. Io dicevo: "loro prendono i pesci perché sono fortunati". Invece no! Loro prendono pesci perché pescano nel modo giusto.

Avevano una buona canna, un buon mulinello, una lenza perfetta e l'esca giusta, ma soprattutto, la conoscenza della tecnica. Tutte cose che io non avevo.

Questi pescatori, continuavo ad osservarli, li studiavo, cercando sempre di poter imparare qualcosa, a volte chiedevo a loro anche dei consigli, ma non sempre erano disponibili nel darmeli. Forse perché ero solo un ragazzo e non volevano perdere tempo con me, ero il pescatore dei molti insuccessi, con tanta attrezzatura sbagliata e che non ne prendeva mai uno. Però gli sbagli sono una grandissima fonte di insegnamento.

Una delle prime cose che riuscii a capire, che è anche la cosa più importante quando si pesca in mare, è osservare le maree. È inutile pescare quando il mare si ritira, i pesci vanno al largo (marea calante). È giusto invece pescare quando ritorna l'acqua e con essa i pesci (marea montante).

Un altro grande dubbio che ho sempre avuto era l'esca. Ascoltavo sempre i pescatori mentre parlavano tra loro, c'era chi usava la tremolina, chi i coreani, alcuni i gamberi, altri le esche artificiali e il pane ecc… Che confusione! Naturalmente ciascun pesce ha bisogno della sua esca se vogliamo indurlo ad abboccare.

Ero un ragazzo molto timido e mi trovavo in difficoltà ad andare nel negozio di caccia e pesca, perché non avrei saputo che esca comprare.

Erano gli anni 67, avevo 14 anni e mi trovavo a Castiglioncello, dove con tutta la famiglia, come ogni agosto, trascorrevo le vacanze. I miei genitori mi avevano regalato una canna da pesca, la classica "La Fiorentina". Era una canna ad innesti, fatta di un materiale che si chiamava canna dolce, era formata da 4 pezzi lunghi ciascuno 1,50 metri per un totale di 6 metri.

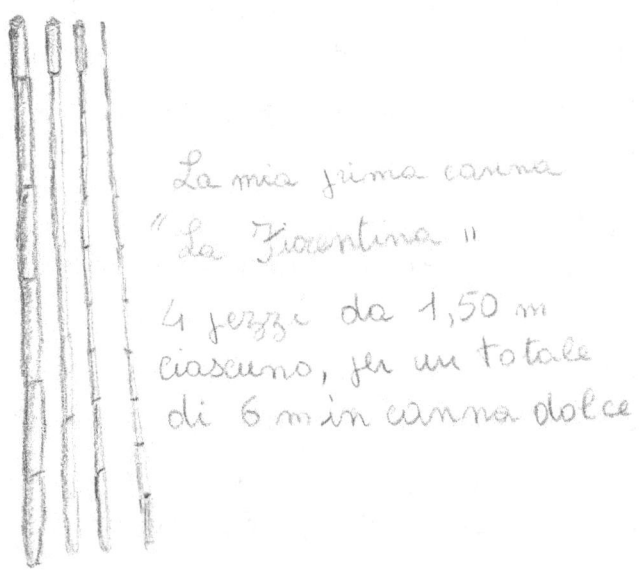

Fig. 1

Con quella canna cominciai a pescare sia nel fiume che nel mare. Ma dentro di me, c'era sempre il solito dubbio. Che esca devo usare? Un giorno, osservando dei pescatori sugli scogli, mentre ero al Bagno Tre Scogli di Castiglioncello, notai che avevano un piccolo secchio vicino a loro e introducevano dentro dei pezzi di pane.

Prendevano questi pezzi di pane, li bagnavano nell'acqua e poi gli strizzavano bene con le mani, poi li mettevano in uno straccio di cotone, dopo prendevano lo straccio tirandolo su per i quattro lati tenendolo nella mano sinistra, mentre con la destra giravano la palla di pane che era dentro lo straccio strizzando il più possibile. Come quando si strizza la pelle per asciugare la macchina.

Queste immagini mi rimasero impresse nella mente, tant'è che mosso dalla curiosità, decisi di provare anche io. Forse avrei finalmente risolto il dubbio dell'esca da usare. Tanto il pane lo avevo in casa, e pensai che era una esca che avrei avuto a disposizione in ogni momento.

Fantastico, pensai pieno di entusiasmo, presi qualche fetta di pane, la bagnai anche io, la strizzai come avevo visto fare e andai sugli scogli a cercare di pescare.

Montai la canna, la lenza era la stessa di quella che avevo usato per pescare in fiume. Non ricordo bene con che filo e amo pescassi, ricordo solo che avevo un comunissimo galleggiante che non era molto appropriato. Avevo solo quegli a disposizione.

Fino a qui "tutto bene", il bello venne dopo. Misi il pane sull'amo e feci diversi lanci, ma il pane mi andava sempre via, al momento del lancio il pane usciva dall'amo e cascava in acqua. Se c'era una cosa positiva che avevo, quella era la costanza.

Qualcuno che mi stava osservando, forse impietositosi dalle scene, mi fece notare che il pane era ancora molto umido, allora mi diede una mano a preparare l'esca. Prese una piccola pallina di pane, la mise sull'amo e cominciò a manipolarla ben bene, la girò, e continuò a girarla fino a dargli la forma di una piccola pera.

"Prova adesso!" Mi disse.

Che bello! Riuscii a lanciare senza perdere il pane, emozionato osservai il galleggiante, poi lo vidi affondare e lo stesso signore mi disse:

"Tira!"

Devo aver tirato in ritardo perché non presi niente. Questo signore mi disse:

"Riprova, quando parte il galleggiante tira subito, il pane non è un lombrico, va via subito dall'amo"

Riprovai, emozionato dall'essere osservato, ci misi più attenzione. Appena vidi il galleggiante muoversi, tirai non tanto convinto, ma quando sentii una leggera trazione della canna e vidi un riflesso argentato nell'acqua rigirarsi, capii, che finalmente questa volta avevo preso un pesce.

"L'ho preso, l'ho preso l'ho preso!"

Gridai diverse volte, avevo l'espressione raggiante di chi finalmente ha raggiunto il suo obiettivo. Il mio primo pesce pescato al mare, ci pensate che gioia!

Guardai i volti delle persone che erano li e vidi che mi stavano osservando molto compiaciuti e ridevano. Avevano capito la mia gioia. Era la mia prima volta, il mio primo pesce! Questo genere di emozioni non si scorda mai, sono emozioni che rimangono per sempre nella mente, sono incancellabili, indelebili, plasmano la propria psiche.

Tantissime volte, ancora oggi, quando mi trovo a pescare sugli scogli e vedo accanto a me dei ragazzi con le loro espressioni di gioia quando prendono un pesce, mi emoziono.

Quell'attimo attuale, quei ragazzi, quella gioia di quando prendono un pesce, mi riporta al mio stesso attimo antico, e mi viene in mente una frase che ho letto in un libro di Marcel Proust "La Strada di Swan".

"Toccherà mai la superficie della mia piena coscienza quel ricordo, l'attimo antico che l'attrazione di un attimo identico è venuta così di lontano a richiamare, a commuovere a sollevare nel più profondo di me stesso?
Non so"

Anno dopo anno diventai sempre più esperto, cominciai a prendere diversi tipi di pesci, occhiate, salpe, boghe, i mugginetti, quelli piccoli però. Mi stavo accorgendo che con il pane si prendevano diversi tipi di pesce. Perfetto pensai, è l'esca che fa per me.

Dalle mie estati di Castoglioncello a ora ho sempre pescato con il pane. Dopo essermi sposato e la nascita di mio figlio Edoardo (1984), io e mia moglie decidemmo di cominciare a fare campeggio, sentivo il bisogno di immergermi nella naturalezza.

Avevamo scelto un campeggio molto diverso rispetto agli altri, in Toscana, a Marina di Castagneto Carducci, nei pressi di Donoratico sulla costa livornese. Era un luogo dove si respirava la vera naturalezza, possiamo dire che era un bosco dietro le dune marine. Era perfetto perché mi dava la possibilità sia di pescare in mare, sia di pescare in fiume poiché nelle vicinanze c'era un fiume, chiamato "Il Canale", è il fiume Seggio. Non vi dico quante volte ho pescato sia nel mare che nel canale. In questo fiume c'erano tanti muggini (cefali) e anche belli grossi. Le rive e il fondale erano piene di tremolina.

Mi ricordo che prima di pescare prendevamo una pala e portavamo sulla riva vicino a noi la mota che toglievamo dal fondo, sulla riva la mota mista a sabbia perdeva l'acqua e uscivano fuori le tremoline.

Era una bella esperienza trovare l'esca sul posto, ci faceva sentire dei veri pescatori. Ma dopo qualche volta, tornai subito a pescare con il pane, perché è un tipo di pesca molto più semplice e pulita.

L'acqua del canale era ferma e opaca e la tecnica di pesca che usavo era questa:

- Galleggiante più sensibile possibile

- Filo dello 0,18

- Amo del 10 rivestito da una piccola pallina di pasta a forma di pera

- Si pescava rasente il fondo

Naturalmente il posto veniva pasturato sempre a pane, con quello andavamo sul sicuro. Si pescava sia la mattina presto sia il pomeriggio. C'erano tanti muggini e a tutte le ore abboccavano. Li ributtavamo dentro perché l'acqua non era delle migliori, ci divertivamo solo a pescarli.

Dopo 20 anni passati a Marina di Castagneto, e aver fatto pesca in mare e in fiume e aver provato diverse tipologie di esce e tecniche, posso dirvi che l'esca migliore fu il pane. Dopo molti anni di vacanza a Marina di Castagneto Carducci, decidemmo di provare l'esperienza Vada, sempre sulla costa livornese in Toscana, anche li c'era un bel boschetto dietro le dune marine e naturalmente degli ottimi posti per pescare. Erano presenti piccole scogliere sul mare, alcune erano scogliere artificiali, altre erano dei semplici frangiflutti, mentre altre delimitavano qualche bagno.

Sicuramente degli ottimi posti per pescare, infatti la mattina era pieno di pescatori. Avevo voglia di scoprire il nuovo posto con l'occhio del pescatore, e cominciai a fare diversi giri di perlustrazione per conoscere la nuova zona.

Mi misi a vedere pescare, ma con grande delusione non vidi tirar su niente. Capii subito il perché, il mare si era ritirato, gli scogli rimasti scoperti erano ancora umidi, e naturalmente quando il mare si ritira, porta via con se tutto quello di cui si ciba il pesce e di conseguenza anche i pesci, che in quel momento si trovavano più al largo.

Questo movimento del mare si chiama marea calante. La pesca è sconsigliabile con questo tipo di marea, pescando si perde soltanto del tempo in questo frangente perché rimane soltanto della minutaglia che difficilmente abboccherà. Il momento giusto per pescare è quando l'acqua ritornerà verso di voi, noterete che pian piano l'acqua ricoprirà gli scogli che erano rimasti scoperti e in quella occasione ritornerà anche tutto quel pesce che si era allontanato.

Dovete pasturare il posto con manciate di pane bagnato e sbriciolato ad intervalli regolari in modo che il pesce rimanga li. Più il pane sfaldandosi rimarrà in sospensione in piccole parti e più il pesce rimarrà in zona.

Vedrete un gran bel movimento nell'acqua, sarà un accorrere continuo di pesci che si gettano con grande avidità sul pane.

Vedrete i pesci più grossi che scacceranno quegli più piccoli. I primi ad arrivare saranno i muggini, poi le occhiate, le lecce, ecc…

Questi sono i classici pesci di superficie. Se poi gettate delle palle di pasta compatta della grandezza di un limone circa, queste caleranno rapidamente sul fondo facendo accorrere anche i saraghi, le salpe, le oratelle e tutti quei pesci che si trovano sul fondo.

Immaginatevi sul luogo di pesca.

Avete capito che il momento per pescare è quello giusto, l'acqua è ritornata, avete pasturato e il pane sta cominciando a fare il suo dovere.

Adesso non vi rimane che montare la canna. Potete pescare sia con la canna fissa che con la bolognese.

canna fissa telescopica, tutti i pezzi della canna sono all'interno

Fig. 2

Fig. 3
Canna con anelli scorrilenza e placca portamulinello detta anche « bolognese ».

Il pescatore che inizia con la canna fissa, si porterà per sempre con se un notevole bagaglio d'esperienza in più rispetto un altro pescatore che avrà saltato questa tecnica.

Quando prenderà un pesce di pregio, sarà solo la sua esperienza e la conoscenza dell'uso della sua sola canna che gli permetterà di portarlo a riva. È molto più semplice preparare la lenza che avrà una grammatura di piombo più leggera, perché in questo caso si pesca più vicino alla riva e quindi vedremo meglio le abboccate dei pesci.

Le canne fisse hanno una lunghezza variabile dai 4,50 ai 6,50 metri. In alcuni casi, come la pesca sulle scogliere più alte, sono buone anche quelle di 7 metri.

Ma anche la classica bolognese è utilissima, ci permette una sicurezza in più nel recupero e grazie alla frizione del mulinello possiamo usare dei finali più sottili e abbiamo naturalmente la possibilità di pescare più lontano da riva.

2. I GALLEGGIANTI

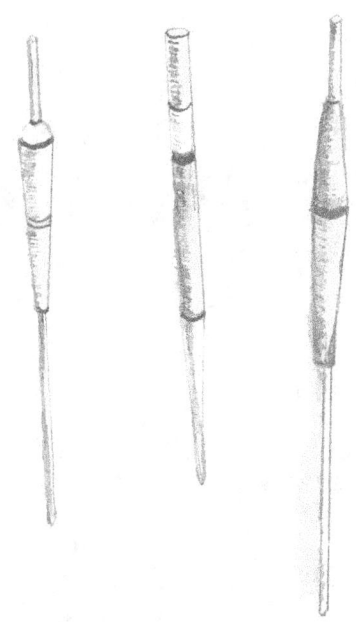

Galleggianti a forma affusolata consigliati per acque colme.

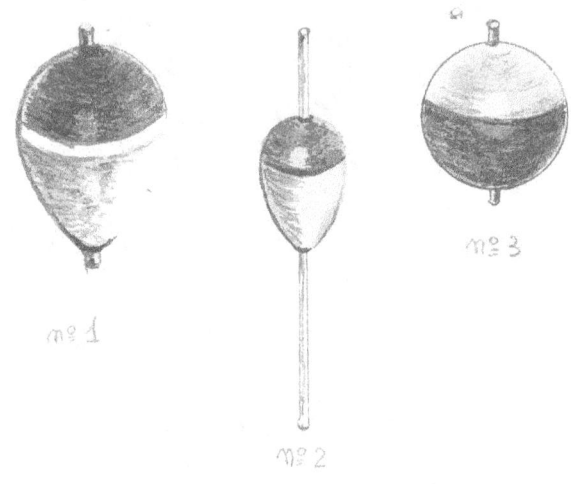

N̊ 1 e N̊ 2 galleggianti a fero per acque semicalme

N̊ 3 modello sferico per acque mosse

Come scegliere il galleggiante giusto? Semplice. Osservate la superficie dell'acqua, capirete se è calma, leggermente mossa oppure molto mossa. Questo vi servirà per la scelta del galleggiante.

La regola è questa: più le acque sono calme, più sensibile deve essere il galleggiante, quindi va bene uno con la forma sottile e lunga.

Non sarà importante il colore o forma, ci sono tantissimi galleggianti in commercio e funzionano tutti, quello che per voi è importante è la visibilità.

Il galleggiante giusto per voi sarà quello che vi farà vedere nel miglior modo l'abboccata del pesce.

Quando le acque sono calme e voglio pescare un po' fuori, cioè più lontano dalla riva, io uso con grande piacere il galleggiante all'inglese, dal 4+1 al 6+2.

Questa numerazione è scritta sul galleggiante e si trova in basso, quel +1 o +2 vuol dire che volendo possiamo aggiungere ancora 1 o 2 grammi di piombo.

Questo permette di far arrivare il galleggiante più lontano e anche di aumentarne la sensibilità, grazie a questo, riusciremo a vedere molto bene l'abboccata del pesce.

Quando invece le acque diventano più mosse, dovremmo usare i galleggianti di forma a ovetto oppure a sfera.

Più la forma è tonda meglio galleggerà. Potete sceglierli già piombati. Sono ottimi per la pesca di superficie, per i muggini, le occhiate, le boghe ecc…

Personalmente preferisco quelli già piombati dai 2 ai 20 grammi. Se il pesce è vicino alla scogliera consiglio le grammature più basse, se invece il pesce si trova più lontano, consiglio la grammatura più alta.

A questo punto credo che vi starete domandando che filo di nylon mettere. Questo dipenderà dal tipo di pesce che volete pescare.

Se non ci sono le salpe, potete pescare con un finale dello 0,12 oppure uno 0,14.

Se poi troviamo le salpe, conviene salire allo 0,20 e adesso vi spiego subito il perché.

Quando la mattina presto, pescavo dagli scogli a Vada, spesso accadeva di vedere il galleggiante affondare, tirare su, e accorgersi di avere il filo di nylon tagliato di netto all'altezza dell'amo.

Non riuscivo a capire il perché, all'inizio pensavo fosse a causa dei pesci serra, poi mi sono accorto che era opera delle salpe, quelle più grosse.

Le salpe sono dotate di denti aguzzi e capita spesso che riescono a tagliare i fili inferiori allo 0,20.

3. L'ATTEGGIAMENTO GIUSTO PER LA PESCA

Mi ricordo una volta di aver agganciato un muggine abbastanza grosso. La mia canna era molto piegata, tant'è che ero riuscito ad attirare l'attenzione di chi era in spiaggia. Alcuni di loro si erano avvicinati a me per godersi la scena da vicino e per vedere che razza di pesce era. Quel muggine anziché cominciare a nuotare veloce e con forza, si era messo a scuotere il capo, cercando di scrollarsi dalla bocca l'amo. In continuazione dava dei colpi molto forti alla canna. Con il tempo ero riuscito a portarlo quasi a riva. Era bellissimo vedere sotto la superficie dell'acqua quel riflesso argentato. Il muggine continuava a dibattersi, continuava a scuotere la testa e a dare dei colpi. Era un martellamento continuo, fino a che un colpo più forte mi aveva rimandato indietro la canna allentando ogni tensione.

Pensate, era riuscito a rompere il nylon dello 0,20. Non sto a descrivervi la delusione di chi mi stava osservando, i loro commenti erano del tipo:

"Era bello quel muggine, che peccato! L'hai perso."

Mi guardavano fisso, forse sperando di vedere in me la delusione, di sentire forse qualche imprecazione o qualche giustificazione. Rimasero molto meravigliati quando sentirono dalla mia voce con tono calmo e tranquillo dire:

"L'avrei liberato comunque, sono riuscito a vederlo, l'emozione c'è stata, quindi va bene così! "

Non erano molto abituati a sentire un pescatore parlare così. I pesci che io pescavo li ributtavo sempre dentro, e vedendomi fare questo, la gente si meravigliava. Di solito i pesci di mare il pescatore li porta a casa e se li mangia. Andavo quasi tutti i giorni a pescare e la gente aveva imparato a riconoscermi, ero quello che liberava i pesci in mare, spesso sentivo i loro commenti.

Le mamme dicevano ai figli:

"L'hai visto bravo quel signore, libera i pesci come fa il tuo babbo nel fiume"

oppure altri signori dire:

"Quello è un pescatore sportivo pratica il catch and release"

altri ancora:

"Perché lo ributta dentro? Non è forse buono? Perché non li dà a me".

A volte gli ho regalati con tanti ringraziamenti da chi me li aveva chiesti, ma alla domanda che mi facevano

"Perché li ributti dentro?"

Io rispondevo:

"Dopo che ci fanno divertire restituirli la libertà è il minimo che possiamo fare."

Come penso avrete capito, io non sono un pescatore che porta con sé il retino per mettere i pesci. Con me porto solo una attrezzatura con il minimo indispensabile, questo mi offre dei vantaggi. Quando il posto dove mi trovo a pescare non è di mio gradimento, mi posso spostare da un'altra parte in un attimo. L'esperienza che ho adesso, l'ho acquisita dopo varie tecniche di pesca nel fiume, grazie soprattutto alla pratica ma anche ai corsi di pesca che ho fatto in passato. Tra le varie tecniche però ce ne è una in particolare che è stata molto importante per la mia crescita, ed è anche quella che mi ha fatto conoscere il vero messaggio della pesca: la pesca a mosca.

Mi ha fatto capire che non è tanto il pesce che si prende, ma come si prende. Mi ha insegnato ad avere rispetto per la natura, per il fiume e per il pesce. La pesca in fondo non è altro che un gioco d'astuzia, fra noi e il pesce, è una sfida continua, noi cerchiamo di fare del nostro meglio tirando fuori le nostre abilità e capacità, mentre il pesce usa il suo istinto di sopravvivenza.

A volte è lui a vincere, a volte vinciamo noi, ma dobbiamo ricordarci di avere rispetto per il pesce, perché è grazie a lui se a volte viviamo delle emozioni bellissime e incancellabili. Dopo che ci ha fatto divertire, restituirlo alla natura, che sia il mare o il fiume, è un segno di rispetto per la natura e per il pesce stesso.

4. LA TECNICA GIUSTA

Adesso voglio parlarvi della pesca con la bolognese. Dopo aver lanciato tenete in tensione la lenza guardando il galleggiante e recuperate molto lentamente, se osservate attentamente vedrete la pallina di pane seguita dal pesce e dopo attaccata.

Capita spesso, moltissime volte di prendere pesci in questo modo, rimangono allamati da sé durante quel lentissimo recupero, in particolar modo con questa tecnica riusciamo a pescare le lecce e anche le occhiate.

Dal galleggiante all'amo non lascio mai più di 70 centimetri, massimo 1 metro, non di più.

Quando si pesca in superficie possiamo usare anche due ami. Dopo il galleggiante dobbiamo lasciare uno svolazzo di 70 centimetri che legheremo ad una microgirella.

Da questa faremo pendere 2 braccioli, uno di 30 centimetri e l'altro di 45 centimetri. I braccioli che pendono dalla girella non devono avere mai la stessa lunghezza perché ostacolerebbero l'abboccata.

Con vostro stupore, a volte vi accadrà di prendere 2 pesci insieme. Sul mio canale YouTube "Lelio" trovate qualche video.

La tecnica di lancio è questa:

- Lanciare

- Recuperare lentamente per tenere la lenza in tensione

- Stare pronti osservando il branco dei pesci che si getterà sull'esca

Inizialmente il galleggiante si muoverà leggermente per poi affondare oppure si metterà a navigare in superficie.

È questo il momento giusto per ferrare.

Per comprendere meglio il momento giusto della ferrata, fate qualche lancio di prova senza avere l'intenzione di prendere il pesce.

Lanciate e limitatevi ad osservare semplicemente il galleggiante affondare, vedrete che dopo l'affondamento ritornerà su e rimarrà fermo perché il pane sarà già stato mangiato.

Provate, questo vi aiuterà a migliorare la tempistica della vostra ferrata.

Dopo aver fatto qualche prova ed aver affinato in voi il senso della ferrata, mettete nuovamente la pasta all'amo e state quindi pronti a tirare subito non appena vedete quel piccolo movimento del galleggiante. Vi accorgerete che non tutti i pesci abboccano alla stessa maniera.

Ad esempio i muggini vi daranno un bel daffare nel capire quando stanno mangiando. Se non avete mai pescato ai muggini, le prime volte vi sembrerà che il galleggiante rimane sempre fermo.

Ma se cominciate ad osservare con maggiore attenzione, vi accorgerete che all'inizio dell'abboccata, il galleggiante rilascia delle piccole vibrazioni e noterete dei piccoli cerchi che si allontanano dal galleggiante.

Il momento giusto per ferrare è durante i primi due o tre cerchi iniziali.

Una cosa molto importante. Ricordatevi all'inizio di pasturare. La prima cosa da fare appena si arriva sul posto di pesca è pasturare bene.

Fatelo a intervalli regolari gettando in mare ancora pastura di pane. I muggini non tarderanno ad arrivare.
La mia attrezzatura per la pesca al muggine è la seguente.

Uso quasi sempre una bolognese di 4 metri, che per me è l'ideale, il nylon è dello 0,20, come galleggiante uso un piccolo ovetto piombato, fermato al disotto da una microgirella, poi 2 bracciali lunghi rispettivamente uno di 30 centimetri e l'altro di 45 centimetri.

Questa volta impiegheremo il pane asciutto. Andrà bene la midolla dei panini all'olio, baguette o pane bianco a fette in cassetta. Passate l'amo dentro la midolla due volte e pressatela parzialmente sulla paletta, eviteremo così di perderla durante il lancio.

Tenete il filo in leggera tensione e osserviamo quando il branco sta mangiando, vedrete intorno al galleggiante, precisamente sui bocconi di pane, i muggini che si contenderanno l'esca, faranno un leggero sciabordio dei piccoli schizzi che vi segnaleranno che quello è il momento giusto di ferrare.

I muggini sono così avidi di pane, che la loro mangiata durerà pochi secondi. Quando si pesca al muggine è sempre meglio ferrare in anticipo. Il muggine ripulisce gli ami senza che voi abbiate visto muovere il galleggiante.

È una pesca da praticare a vista e calcolare l'attimo giusto della ferrata. Se si alza il vento o si muove il mare, conviene smettere per mancanza di visibilità nei confronti del galleggiante.

5.
QUALI SONO I TIPI DI PANE INDICATI PER LA PESCA

Se adoperiamo il pane fresco cioè quello appena sfornato, quasi tutti i tipi di pane possono andare bene, anche se sono preferibili i panini all'olio oppure la classica baguette.

Per prepararlo basta aprire il pane, staccare una piccola porzione con le dita facendo attenzione a non premerla, poi facciamo penetrare l'amo dentro la porzione cercando di nasconderlo bene. Poi pressiamo il tutto con le punta delle dita sulla paletta, in modo da essere sicuri che non andrà via durante il lancio.

Il pane francese

Il pane più impiegato nella pesca sportiva è quello che acquistiamo dal caccia e pesca, è a forma di treccia e viene venduto nella confezione di carta oleata. Si prepara in un modo semplicissimo. Si tiene per qualche minuto in ammollo, poi si mette in un panno di cotone per strizzarlo e poi si pressa con le mani.

A piacere possiamo togliere di volta in volta delle piccole strisce a forma di filaccione, penetrarle con l'amo da una estremità, poi girare 2 volte intorno all'amo e infine penetrare ancora una volta lasciando svolazzare l'estremità opposta.

Il pane bianco in cassetta

Il pane bianco in cassetta è il mio preferito, essendo un pane che assorbe subito l'acqua, basta bagnarlo un attimo, poi lo strizziamo bene con le mani e successivamente lo appoggiamo su un panno di cotone dove lo ricopriremo con lo stesso, il panno di cotone ha una duplice funzione, toglierà l'umidità residua ed eviterà che il sole lo faccia seccare. Si innesca sull'amo in piccole dosi a forma di perina.

Le pastelle

Vanno bene anche le classiche pastelle fai da te. La pastella o pasta di pane è molto semplice da preparare, mettiamo dei pezzi di pane oppure dei panini in un contenitore con acqua, quando il pane avrà assorbito l'acqua lo togliamo dal contenitore e lo pressiamo con le mani facendo uscire più acqua possibile.

Poi prendiamo uno straccio di cotone (io uso un vecchio asciughino da cucina) e ci mettiamo il pane, va frantumato con le mani e dopo ci aggiungiamo farina bianca, fino a farlo diventare un impasto morbido in modo che non rimanga attaccato alle mani.

Per dare più consistenza potete aggiungere anche del comunissimo pan grattato. Lavorate il tutto manipolando in continuazione con le mani, come quando si prepara la pasta per la pizza, solo che deve essere più morbida, deve essere morbidissima.

Il segreto della pasta è la sua morbidezza, più sarà morbida più abboccate vedremo. Naturalmente possiamo innescarla sia sull'amo che sull'ancorotto.

C'è anche chi aggiunge aromi all'impasto tipo formaggio grattato o pasta d'acciughe o altri sapori forti. Per me è sufficiente il solo pane, una volta in acqua il pane rilascerà una scia molto profumata ed adescante.

Come innescare il pane sull'amo

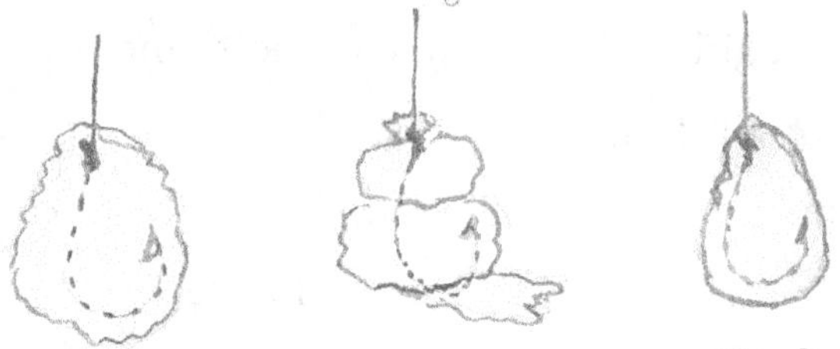

Fig. 1   Fig. 2   Fig. 3

Fig 1 = Fiocco di mollica di pane
Si infila l'amo dentro la mollica, nascondendolo bene. Si pressa con le punte delle dita sulle palette

Fig 2 = Fiocco di pane francese
Va bagnato prima dell'uso e strizzarlo bene. Si stacca un filaccione, e si penetra con l'amo da una estremità, poi lo si gira 2 volte intorno all'amo, poi si penetra ancora una volta. Deve svolazzare con l'estremità opposta.

Fig 3 = Il pastone o pastella
Si mette a bagno il pane, lo strizziamo bene, possiamo aggiungere pane grattato, per dargli la giusta consistenza. Prendere una quantità sufficiente da coprire l'amo, modellarla a forma di una piccola pera. Possiamo pescare sia con l'amo o ancorina.

6.
EVITIAMO L'ATTREZZATURA SUPERFLUA

Con questo capitolo vorrei mandarvi un messaggio. Cercate di non commettere lo sbaglio di riempirvi di attrezzatura superflua.

Quando ero un ragazzo avevo soltanto una canna da pesca, era più indicata per il fiume che per il mare. Avevo pochissimi ami e galleggianti che non erano appropriati per il mare.

Pescavo sempre con quella poca attrezzatura, ma facendo necessità virtù, avevo sviluppato una conoscenza egregia della mia canna, tanta era la pratica che io e la mia canna eravamo un tutt'uno e avevo acquisito quel sesto senso che mi permetteva di rimediare a tutte quelle mancanze che la mia attrezzatura aveva.

Successivamente però quando mi capitava di entrare in un negozio di caccia e pesca rimanevo affascinato da tutte quelle canne esposte. Erano così belle! Nuove e di svariate misure e colori. Guardavo tutti quei galleggianti dalle forme e colori così invitanti, che sembrava aspettassero solo me.

Sentivo una vocina provenire dai galleggianti, e ognuno di loro mi diceva:

Comprami! Comprami!"

Io pensavo:

"Se le avessi io quelle canne, se avessi quei galleggianti, chissà quanti pesci prenderei"

E fu così che tutte le volte che entravo in un caccia e pesca, facevo sempre acquisti. Compravo sempre qualcosa anche se difficilmente mi sarebbe servito per il mio tipo di pesca, ma era più forte di me.

Mi sono ritrovato così ad avere tanta attrezzatura che ancora oggi, non l'ho mai usata tutta. Oscar Wilde diceva:

"Posso resistere a tutto, fuorché alle tentazioni!"

Io non sono certo migliore di Oscar Wilde e quindi…

7.
LE COSE IMPORTANTI DA CONOSCERE

Le maree

Un consiglio fondamentale. Prima di andare a pescare, sarebbe opportuno il giorno prima osservare il mare. Dovete guardare l'ora in cui esso si ritira, questo movimento si chiama marea calante. In questa condizione è sconsigliabile la pesca.

Per tutta la sua durata i pesci si terranno distanti dalla riva, perché la corrente avrà trascinato con sé tutto ciò di cui si ciba il pesce.

Osservate invece a che ora ritorna l'acqua, cioè quando vedrete tornare sotto l'acqua gli scogli che erano rimasti scoperti, ecco quello è il momento giusto per pescare. Questo movimento si chiama marea montante.

L'ambiente di pesca: scogliere naturali e artificiali

Tutte le scogliere naturali e artificiali che noi vediamo

al mare, sono ottime per la pesca. Sono piene di piccole grotte, anfratti (che sono insenature dove si nascondono i pesci) dove il pesce gira in continuazione alla ricerca del cibo.

Se le osservate sono piene di vegetazione, più ciuffi di alghe ci sono sugli scogli sommersi e meglio è, ci vedrete le patelle attaccate, i ricci, i granchi, questi sono indizi che ci indicano che il posto è ottimo.

Peschiamo sempre dove l'acqua è più profonda vicino agli scogli, ricordate sempre che la prima cosa da fare quando si arriva in un posto è pasturare nel raggio di azione della canna.

Ma non fatelo solo all'inizio, continuate ad intervalli regolari per tutta la durata della vostra pesca.

In questo scenario pescherete i saraghi, le salpe che sono i classici pesci di fondo, ma anche quelli di mezzo fondo o di superficie come i cefali, le occhiate e le lecce.

Fig 1
La scogliera sia naturale che artificiale è il paradiso dei pescatori.

Fig 2

Costa rocciosa degradante con scogli affioranti sotto il livello dell'acqua. Posto ottimo per saraghi e occhiate.

Fondali a scogliera con praterie sottomarine ottime per salpe, saraghi e cefali

|― Fig 3 ―|

scogli　　　sabbia　　　posidonia

Fondali misti, buoni per tutti i pesci

L'ambiente di pesca: le foci dei fiumi

Le foci dei fiumi, ma anche dei canali che sfociano in mare, costituiscono uno dei migliori posti per la pesca. Quasi sempre i fondali dei fiumi o delle foci sono sabbiosi, con profondità medio basse ma sono abbastanza popolate da diverse specie di pesce.

Ci troveremo tantissimi cefali, che risalgono i fiumi per diversi chilometri, data la loro capacità di adattamento nelle acque dolci.

All'inizio della foce troveremo anche le lecce, dove girano in continuazione alla ricerca del cibo.

Pescate sempre nelle profondità maggiori e dove la corrente è più calma, questo vi permetterà una passata più lenta (una passata più lenta significa che dove si sta pescando c'è poca corrente, quindi ci permette di osservare con più calma il galleggiante) facendo razzolare l'esca sul fondo che sarà seguita e attaccata dal pesce che in quel momento si troverà nei paraggi.

8. LE MISURE DEI PESCI

Per evitare possibili multe da parte delle autorità, è bene conoscere le misure minime dei pesci. La misura si calcola dalla bocca alla parte estrema della pinna caudale chiusa. Riportate qui sotto trovate le misure minime dei pesci in Italia.

NOME COMUNE	NOME SCIENTIFICO	MISURE MINIME
Acciuga	Engraulis encrasicolus	9 cm.
Aguglia	Belone belone	25 cm.
Anguilla	Anguilla anguilla	28 cm.
Boga	Boops boops	7 cm.
Cefalo	Mugil cephalus	20 cm.
Corvina	Sciaena umbra	20 cm.
Dentice	Dentex dentex	30 cm.
Grongo	Conger conger	50 cm.
Leccia Amia	Lichia amia	60 cm.
Leccia Stella	Trachinotus Ovatus	7 cm.
Luccio di mare	Sphyraena sphyraena	30 cm.
Mormora	Lithognathus mormyrus	15 cm.
Murena	Muraena helena	60 cm.

Occhiata	Oblada melanura	7 cm.
Ombrina	Umbrina cirrosa	30 cm.
Orata	Sparus aurata	30 cm.
Salpa	Sarpa salpa	30 cm.
Sarago Fasciato	Diplodus vulgaris	30 cm.
Sarago Pizzuto	Diplodus puntazzo	30 cm.
Sarago Reale	Diplodus sargus	30 cm.
Sgombro	Scomber scombrus	30 cm.
Sparlotta	Diplodus anularis	30 cm.
Spigola	Dicentrarchus labrax	30 cm.
Sugarello o Suro	Trachurus trachurus	30 cm.
Tanuta	Spondyliosoma cantharus	30 cm.
Tordo	Labrus viridis	30 cm.

9. I PRINCIPALI PESCI CHE ABBOCCANO AL PANE

La Boga

La boga appartiene alle famiglie degli Sparidi. Il suo corpo è affusolato, possiede una bocca abbastanza piccola, però è fornita di dentini molto taglienti che a volte recide i nylon più sottili.

BOGA
(Boops boops)

Il suo corpo rimanda dei riflessi che variano dal giallo al verde chiaro. Non raggiunge grandi dimensioni, raramente raggiunge i 30 centimetri. I fianchi e il ventre sono di color argento.

Possiede degli occhi molto grandi. Il nome scientifico "Boops boops" tradotto vuole dire occhio di bove.

La stagione migliore per la pesca a questo pesce è l'estate, è buono anche l'autunno, e quasi tutte le ore della giornata sono buone. La troviamo nelle vicinanze delle scogliere sia naturali che artificiali, nei territori misti, dove c'è sabbia, scogli e quelle praterie di fondali a posidonia.

È un pesce molto facile da catturare. Quando è vicina agli scogli è preferibile la canna fissa, è più veloce nella cattura. Le boghe si avvicinano in branchi numerosi e possiamo pescarne tantissime in poco tempo.

Naturalmente più corta e leggera sarà la canna, meno si stancherà il braccio. Consiglio un nylon dello 0,18, un galleggiante a sfera piccolissimo e di legare ad un metro dal galleggiante un amo del 18 a gambo lungo innescato con una piccolissima pallina di pastella di pane a forma di perina.

La piombatura deve essere raggruppata a circa 10 o 15 centimetri dall'amo. Un solo piombino spaccato sarà sufficiente. Ricorda sempre di pasturare bene prima di iniziare a pescare e anche durante l'azione di pesca.

Il Cefalo

Il nome latino è Mugil Cephalus, è chiamato anche muggine ed appartiene all'ordine dei pesciformi. È un pesce molto elegante, il suo corpo è allungato dalla forma robusta e forte che si appiattisce avvicinandosi alla coda.

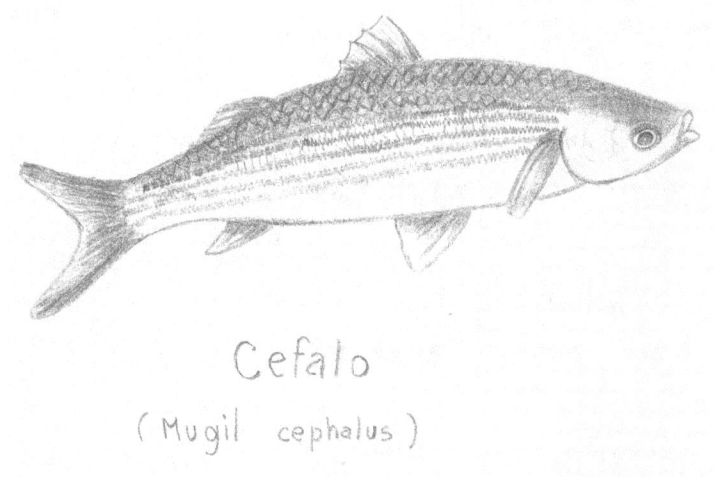

Cefalo
(Mugil cephalus)

Il colore d'insieme è argentato più scuro sul dorso e bianco nei fianchi e nel ventre. È un nuotatore instancabile, la sua resistenza una volta allamato è impressionante. Possiamo pescarlo durante tutto l'arco dell'anno, anche se le stagioni migliori sono primavera, estate e autunno. Tutti gli orari del giorno sono buoni.

Lo troviamo sia in acqua salata che dolce, nei porti, vicino alle scogliere, sia quelle artificiali che naturali e anche nelle foci dei fiumi dove si addentra anche per svariati chilometri.

Si spostano in grandi branchi, spesso li troviamo vicino agli scarichi di rifiuti organici, ragione per cui le loro carni a volte hanno un sapore sgradevole. Possiamo pescarli con la canna fissa o anche con la bolognese.

Il cefalo con la canna fissa

L'ideale è una canna fissa possibilmente in carbonio ad azione di punta dai 5 ai 6,50 metri.

Consiglio un nylon dello 0,16 lungo 40 centimetri meno della canna. Il galleggiante deve avere una forma molto affusolata e deve oscillare da 0,5 a 1,5 grammi massimo. In fondo al terminale legate una microgirella dove possiamo legare 2 braccioli con nylon dello 0,12. Un bracciolo lungo 30 centimetri mentre l'altro di 60. Le misure degli ami a gambo lungo e sottile, varieranno dal numero 16 al 10.

La piombatura sopra la microgirella è preferibile raggruppata con pallini di piombo spaccati dello 0,12.

Come esca è preferibile il fiocco di pane francese bagnato prima dell'uso e strizzato molto bene, quindi staccate un filaccione, poi penetrate l'amo ad una estremità, poi giratelo 2 volte intorno all'amo e penetratelo ancora una volta in modo da lasciar svolazzare l'estremità apposta.

Prima di iniziare a pescare pasturate bene la zona di pesca gettando in acqua delle palle di pane, preventivamente bagnato e strizzato bene della grandezza di una arancia. Fatelo anche durante la pesca ad intervalli regolari, gettate nuovamente delle manciate di pane.

Portate con voi un piccolo secchiello che vi servirà per preparare il pane, e naturalmente anche molto pane. Ricordate di ferrare subito con decisione non appena l'asticciola del galleggiante tenderà ad affondare.

L'abboccata del muggine dura pochi secondi, è meglio anticipare che ritardare.

Se il branco dei muggini si trova in superficie, pescate con poco fondo, non più di un metro, viceversa misurate il fondale con un sondino e tenete l'esca sollevata circa 10 centimetri dal fondo.

Il cefalo con la bolognese

Quando i cefali si tengono distanti dalla riva conviene pescare con la bolognese. Se pescate dalle scogliere basse, una canna di 4 metri andrà benissimo. Invece pescando da scogliere alte, possiamo arrivare ad usare anche una canna lunga di 7 metri.

Quando le acque sono calme e senza vento uso il galleggiante all'inglese 4+1 con circa uno svolazzo di 70 centimetri con un piccolo ancorotto del numero 14 innescato con pane bianco in cassetta preventivamente bagnato e strizzato bene con un panno di cotone.

In questo caso, usiamo l'ancorotto, perché facendo dei lanci lunghi si può correre il rischio di perdere l'esca, ma con l'ancorotto che tiene il pane da più parti lancerete con maggiore sicurezza.

Dopo aver lanciato non tenete ferma l'esca, ma recuperatela molto lentamente, tenendo la lenza in tensione, vedrete dopo il galleggiante la pallina del pane quasi a galla. Quando vedrete arrivare il branco dei muggini fermate il recupero, i muggini si getteranno sul pane con avidità facendo affondare il galleggiante oppure spostandolo di lato. Ricordate di ferrare subito con decisione.

Quando le acque cominciano a muoversi è preferibile il classico galleggiante a ovetto piombato dai 2 ai 6 grammi. Con il mare leggermente mosso è preferibile usare un bracciolo più corto, sarà sufficiente solamente una lunghezza di 30 centimetri, con un piccolo ancorotto innescato sempre col pane bianco bagnato e modellato a forma di una piccola pera.

Dopo aver lanciato, recuperate molto lentamente, anche qui quando vedrete arrivare il branco dei muggini fermate il recupero e aspettate. Quando vedrete intorno al galleggiante degli schizzi o scuotere l'acqua vorrà dire che con la loro bocca stanno avidamente spolpando l'esca.

Conviene ferrare subito, altrimenti in un attimo il pane sarà già finito. Non sempre il muggine rimarrà allamato, questo fa parte del gioco.

Ricordatevi che il muggine difficilmente ingoia l'esca, la succhia con le labbra, a volte ci si striscia sopra per sfaldarla per poterla poi succhiare, ecco perché il muggine difficilmente farà affondare il galleggiante, sta a noi imparare a scegliere l'attimo giusto della ferrata.

Cefalo

L'Occhiata

Il nome latino è Oblada Melanura e appartiene all'ordine dei pesciformi. Il suo corpo è a forma ovale, è schiacciato ai lati, il suo colore è argentato, sul finale del suo corpo, vicino alla coda, si trova una macchia scura che insieme ai suoi grandi occhi, hanno contribuito a darle questo nome.

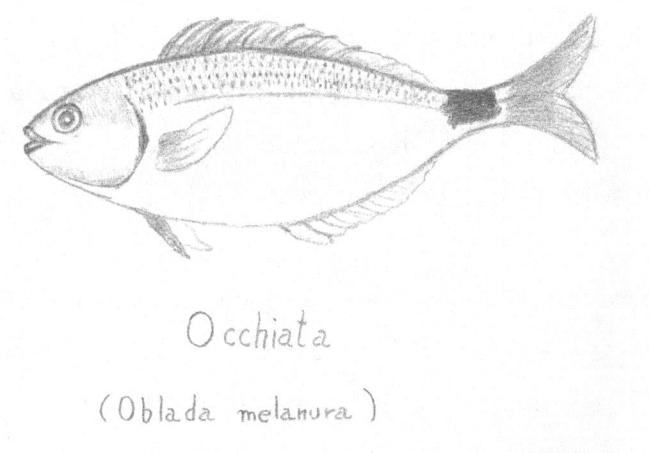

Occhiata
(Oblada melanura)

In primavera si avvicina alla riva in branchi molto numerosi. Ama le coste rocciose sia profonde e non. Preferisce anche i fondali con rocce, con alghe e misti a sabbia.

Non raggiunge grandi dimensioni al massimo può arrivare a 30 centimetri.

Le condizioni ideali di pesca sono quando il mare è mosso, quando l'onda batte sugli scogli e provoca una scia di schiuma. Una canna fissa rigida abbastanza lunga da arrivare oltre la schiuma sarà l'ideale. La lenza è preferibile senza galleggiante, con un piccolo ancorotto del numero 16 o 14 con pastella.

Si lancia oltre la schiuma facendo affondare in modo naturale l'esca. Tenendola sempre appesa, la sposteremo molto lentamente da una parte all'altra finché non troveremo il branco.

Abboccano subito, ma bisogna essere veloci nel recuperarle, perché la loro cattura può spaventare il branco e metterle in fuga. Naturalmente il finale deve essere abbastanza robusto, va bene uno 0,18 oppure uno 0,20. Andrà bene anche la pesca con la bolognese con un mulinello caricato con lo 0,18. Come galleggiante useremo il classico ovetto piombato oppure a sfera se le acque saranno molto mosse. La grammatura sarà dai 3 agli 8 grammi.

Come finale si consiglia 1 metro circa in fluorcarbon dello 0,16 armato con un ancorotto del numero 14 che può essere innescato con la pastella.

Il periodo migliore per la pesca è l'autunno, ma possiamo fare delle buone catture anche in primavera e in estate.

Occhiata

La Salpa

La salpa (Sarpa salpa o Boops salpa) appartiene alla famiglia degli Sparidi. È un pesce molto combattivo e divertente.

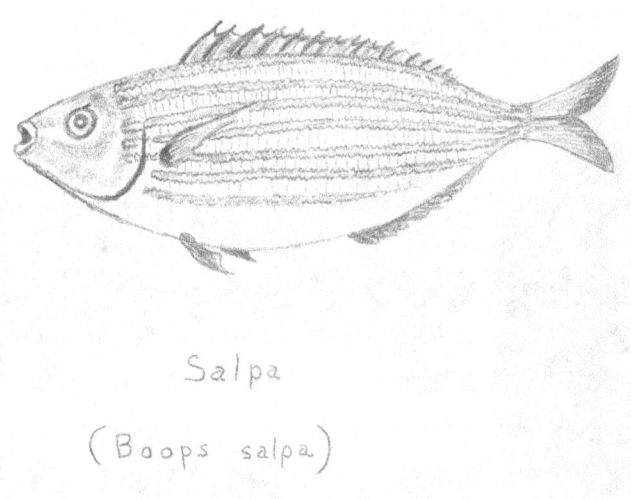

Salpa
(Boops salpa)

È molto diffuso nelle acque del mediterraneo, nei pressi dei tratti rocciosi, le scogliere basse e nei fondi misti, purché ci sia il suo alimento preferito, cioè l'alga.

Osservate tranquillamente le scogliere, quelle con quei ciuffi verdi di alghe che si muovono sospinti dalla corrente, state tranquilli che li ci sono le salpe.

Per pescare le salpe nel modo giusto avremo bisogno di canne abbastanza potenti, che siano fisse oppure bolognesi.

La salpa possiede dei denti aguzzi molto taglienti, quindi io vi consiglio di non scendere mai come finale sotto lo 0,20. Visto che peschiamo vicino agli scogli come galleggiante io preferisco quello da 1 grammo e uno svolazzo di circa 120 o 150 centimetri.

L'amo deve essere a gambo lungo e di buona misura, dal 14 fino ad arrivare al numero 8.

Per esca va bene sia la classica pastella oppure il pane bianco in cassetta bagnato e strizzato bene, il boccone deve essere abbastanza sostanzioso.

Il recupero della salpa è abbastanza impegnativo, dobbiamo tenerlo il più lontano possibile dagli scogli, perché non esita a infilarsi dentro a fessure o qualsiasi altro ostacolo per far strusciare la lenza e quindi provocare la rottura della stessa.

È molto divertente, vi porterà in lungo e largo la lenza e non si arrenderà molto facilmente.

Una volta stancata e sfinita vi consiglio l'uso del guadino.

Se decidete di cucinarla vi consiglio prima di tornare a casa di levargli le interiora e sciacquarla ripetutamente in mare.

L'alimentazione principale della salpa è l'alga, quindi per evitare la fermentazione di questa che darebbe alle carni un sapore sgradevole e forte, è bene usare questo accorgimento.

La Leccia Stella

La leccia stella (Trachinotus Ovatus o Trachinotus Glaucus) appartiene alla famiglia delle Carangidae. Ha corpo ovoidale, è tutto compresso lateralmente con una bocca piccola ed occhi piuttosto grandi rispetto al corpo. Le pinne anali e la prima dorsale sono sistemate in modo simmetrico ed opposte.

Leccia stella
(Trachinotus glaucus)

La coda è stretta e lunga, molto falcata. Tutto il colore del suo corpo è di un colore bianco molto madreperlato, ha delle macchie più scure sui fianchi mentre le punte delle pinne sono nere. Difficilmente raggiunge la lunghezza di 50 centimetri e può arrivare ad un peso di 2 kilogrammi. La troviamo in tutto il Mar Mediterraneo e nell'Oceano Atlantico Orientale. È molto diffusa vicino alle coste e anche alle foci dei fiumi. Si avvicinano alle nostre coste nei mesi di giugno, luglio, agosto e settembre.

Una esca a cui non riesce a resistere è il pane bianco in cassetta, bagnato un attimo e strizzato subito con un panno. Una volta in acqua lascia una scia molto odorosa e irresistibile su cui si avventa in modo abbastanza violento. Vi consiglio l'uso della bolognese, con galleggiante piombato, che sia a sfera oppure il classico ovetto è uguale, la grammatura del galleggiante dipenderà dalle lecce, se sono nelle vicinanze va bene il 3 grammi, se sono più distanti anche un 6 o 8 grammi.

Se peschiamo vicini va bene uno svolazzo di circa 1 metro o poco più, in fondo allo svolazzo io metto una microgirella, su cui lego 2 braccioli, uno di 30 e uno di 45 centimetri leganti gli ami che vanno dal 14 fino al 10 innescati con una pallina di pane a forma di pera.

L'abboccata della leccia è molto decisa, non è raro visto che peschiamo con due ami di prendere due lecce insieme. Come detto in precedenza, sul mio canale YouTube, trovate qualche video di questo.

Se invece il branco delle lecce è più distante, aumentiamo la grammatura del galleggiante, diminuiamo lo svolazzo che dovrà essere di circa 70 centimetri o poco più, però stavolta impiegheremo sul finale una piccola ancorina del numero 12 oppure del 14 naturalmente sempre innescata con il pane ma con una porzione più generosa. Nel lancio più lungo l'ancorina è l'ideale perché tiene meglio il pane ed eviterete di perderlo. Quando peschiamo lontano da riva per pasturare ferrate a vuoto tre o quattro volte, in questo modo il pane rimarrà lì e richiamerà i pesci.

La volta successiva dopo aver lanciato, recuperate molto lentamente, appena vedrete arrivare il branco delle lecce, fermate il recupero, state pronti che dopo pochi attimi il galleggiante partirà molto velocemente, ferrate subito! La leccia è una buona combattente, vi divertirete a portarla a riva. Le sue carni sono molto apprezzate in cucina.

Il Sarago

Il nome latino è Diplodus Sargus, è dell'ordine dei pesciformi e appartiene alla famiglia degli Sparidi. Il suo corpo è ellittico a forma ovale, ed è compresso lateralmente.

SARAGO

Ha bocca sporgente, gli occhi grandi, il suo colore è argentato e bianco sul ventre. Si trova in tutto il Mar Mediterraneo, nel Mar Tirreno e in tutte quelle zone che hanno i fondali misti ricchi di molluschi.

Lo troviamo nei sottoriva rocciosi, all'interno dei porti, nelle scogliere naturali e artificiali, nelle cui zone sommerse si sviluppano quei microrganismi che danno vita a tutte quelle piccole alghe e quei ciuffetti di erba.

Ci sono diversi tipi di Sarago; il Sarago Pizzuto, il Sarago Faraone, il Sarago Maggiore e il Sarago Fasciato.

Quando si muove il mare è il momento migliore per la pesca al sarago.

Una canna bolognese dai 6 agli 8 metri è l'ideale, abbinate un mulinello modello 2500 caricato con un buon 0,18. Consiglio un galleggiante a forma tonda, regolato in modo che l'esca rimanga sollevata circa 20 centimetri dal fondo e usate una piccola ancorina del numero 12, perché tiene meglio il pane.

Per la sua facilità nel prepararlo io preferisco il pane bianco in cassetta. Pasturiamo bene la nostra zona di pesca, quando vedranno il nostro bel boccone, si lanceranno in modo violento e deciso, regalandoci delle abboccate spettacolari.

La sua difesa è potentissima, bisogna apporgli un recupero deciso, perché se riesce ad infilarsi in qualche anfratto, possiamo dirgli subito addio.

Sarago

Altri pesci pescati occasionalmente con il pane

Questi che vi ho appena elencato sono i classici pesci che vengono pescati col pane, però ce ne sono molti altri che potremo prendere mentre stiamo insidiando i nostri amici pinnuti.

Ad esempio l'Orata. Pescate dalla riva non sono molto grandi, sono le classiche oratelle, però con piacere vi capiterà di pescarle anche con il pane.

A volte la sera al calasole mi è capitato di pescare occasionalmente anche degli scorfani. Se vi capiterà anche a voi fate molta attenzione perché le loro punture sono molto dolorose, ne so qualcosa!

Anche le boccacce abboccano al pane, appena rimangono allamate dispongono di una difesa molto forte, però dopo pochi attimi vengono su come delle pere cotte.

Sappiate che quando il mare è piatto arrivano i branchi

dei latterini e delle sarde. Usando una canna fissa di 4,5 metri e montando un'armatura leggera, come un nylon 0,10 e un amo del 18, possiamo divertirci tantissimo e possiamo portarne a casa moltissimi.

Per gli amanti di una fragrante frittura questa è la pesca ideale. Ricordate naturalmente di pasturare spesso.

Anche le donzelle abboccano al pane.

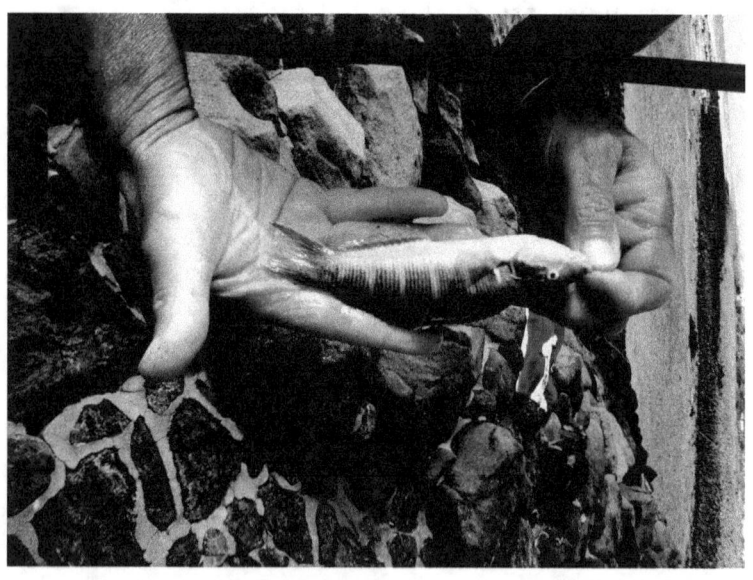

Donzella Pavonina (Thalassoma pavo)

Avete visto quanti pesci diversi possiamo pescare con il pane?

Non è fantastica questa esca? È facilissima da preparare, è pulita, possiamo averla sempre a portata di mano, non occorre andare dal caccia e pesca per comprare i bigattini (o baco di sego), coreani, tremolina e altre esche vive.

Così non dobbiamo nemmeno preoccuparci di tenere le esche in frigo per farle durare, oppure al fresco in garage.

Sapete che a molti è capitato di aver lasciato un sacchetto di bigattini in garage, e che questi sono riusciti a scappare dal sacchetto infilandosi dappertutto?

Dopo un po' di tempo possono nascere moltissime mosche, c'è a chi è capitato di aprire il garage e di vedere svolazzare qua e là una grande quantità di mosche. In quei momenti dobbiamo sperare che la propria moglie non abbia bisogno di andare in garage, altrimenti…

Scherzi a parte, può capitare anche questo, invece con il pane, il problema non esiste!

Conclusione

Per ultima cosa ho lasciato la più importante di tutte, che è quella che veramente farà la differenza. Voglio che prestiate molta attenzione a questo. Vi siete mai chiesti perché nella pesca a spinning il pesce attacca un'esca artificiale?

Per quanto somigliante possa essere, una esca artificiale è sempre un corpo inanimato, che sia di metallo o di silicone, non sarà mai commestibile, se fosse ferma sul fondo desterebbe solo curiosità.

È il movimento che rende vivo un corpo inanimato, è il movimento che fa scattare nel pesce l'attacco. Non sappiamo se per fame, curiosità, oppure difesa territoriale, ma è questo quello che accade.

Diventate consapevoli che col pane noi abbiamo il doppio di possibilità di prendere un pesce. Sappiamo tutti che il pesce abbocca al pane anche quando è fermo, però avete mai provato a dargli anche il movimento?

Con vostro stupore, provate questa mia tecnica. Dopo aver lanciato tenete il filo in tensione, recuperate molto lentamente, alternate brevi pause ad un recupero lento. Quindi mentre recuperate lentamente, fermatevi solo quando vedrete arrivare il branco dei pesci e aspettate l'abboccata. In caso contrario rilanciate di nuovo.

Dobbiamo immaginare che il nostro boccone di pane sia una piccola seppiolina che sta lentamente nuotando, il colore bianco e il movimento farà accorrere i pesci che vorranno vedere di cosa si tratta. Ricordate, è più vista una cosa che si muove rispetto a un'altra che è ferma. Questa semplice logica mi ha fatto sempre prendere molti pesci, provate anche voi in continuazione finché non avrete i miei stessi risultati.

Detto questo non mi resta che congedarmi da voi augurandovi in bocca la lupo.

LELIO ZELONI

LA PESCA SEMPLICE CON IL PANE

Il Vero Segreto? L'Esperienza

YouTube: Lelio Pesca
Facebook: Lelio Pesca
Instagram: Lelio Pesca

leliopesca.com
pescareconilpane.com

www.ingramcontent.com/pod-product-compliance
Lightning Source LLC
Chambersburg PA
CBHW072206100526
44589CB00015B/2389